Enfant intérieur comprendre & guérir

Comment reconnaître les conflits non résolus en soi, entrer en contact avec son enfant intérieur, le renforcer et le guérir pour enfin s'épanouir en pleine force de vie.

Julia Wiederspohn

CONTENU

Ce qui vous attend dans ce livre

On dit de vous que vous êtes perfectionniste ? Vous êtes très sensible à l'harmonie, vous réagissez à certains conflits dans votre couple avec une froideur glaciale ou une colère aveugle ? Voulez-vous souvent plaire aux autres jusqu'à ce que vous vous sentiez épuisé, cela va-t-il même jusqu'à l'abandon de soi ? Est-ce que ce sont toujours des situations similaires dans lesquelles vous réagissez de manière inhabituellement émotionnelle ?

Tous ces éléments peuvent indiquer que vous avez subi des cicatrices dans votre enfance et que vous attendez toujours une guérison. J'aimerais vous inviter à un voyage dans le temps. Un voyage dans votre passé. "Retour vers le futur" serait un slogan approprié pour ce voyage, car les expériences que vous avez vécues dans votre plus tendre enfance ont une influence directe sur votre comportement dans le présent.

Vous découvrirez ce qu'est le modèle de l'enfant intérieur et obtiendrez des connaissances qui vous permettront de découvrir vos modèles de comportement individuels, qui trouvent leur origine en réaction à des expériences vécues dans la petite enfance, et de les modifier consciemment. Faites-vous partie des personnes qui attirent toujours les mêmes conflits, personnes ou situations dans leur vie ? Vous avez maintenant la possibilité de reconnaître activement ces cycles négatifs et de les interrompre.

Au cours de ce voyage, vous apprendrez beaucoup sur vous-même, vous comprendrez mieux vos propres émotions et vous découvrirez le véritable message qui se cache derrière vos schémas de comportement. Prenez conscience que chacun d'entre nous possède un enfant intérieur, c'est pourquoi la connaissance de cette partie de la psyché de chaque personne vous permettra de mieux vous comprendre et de comprendre les autres, et d'améliorer vos relations interpersonnelles. Cet enfant en chacun de nous veut être perçu ! Comme un petit enfant, il vous titillera et pleurnichera jusqu'à ce que vous lui accordiez de l'attention et répondiez à ses besoins. La paix peut alors s'installer dans tous les domaines de la vie.

Le facteur plaisir ne sera en aucun cas négligé dans ce voyage très personnel pour vous ! Vous apprendrez également à intégrer dans votre vie quotidienne les sentiments positifs que vous ressentiez lorsque vous étiez enfant. Quand vous êtes-vous occupé pour la dernière fois d'une certaine chose avec insouciance et enthousiasme ? Apprenez à voir les choses à nouveau avec les yeux d'un enfant, avec enthousiasme et curiosité.

Une sélection de méthodes pour entrer en contact avec votre enfant intérieur vous attend, ainsi que de nombreux exemples pratiques montrant quand et pourquoi votre enfant intérieur se manifeste, même si vous n'en êtes pas conscient. En acceptant l'enfant qui est en vous, une toute nouvelle perspective sur votre vie s'ouvrira peut-être, la poursuite des idéaux qui vous sont habituellement chers ne sera soudain plus adaptée et pourra être remplacée par quelque chose d'autre, de plus salutaire. Vos relations s'amélioreront et vous pourrez à l'avenir mener une vie plus saine grâce à un meilleur amour propre et à une meilleure acceptation. À l'avenir, votre partenaire ou votre collègue de travail sera peut-être étonné de constater que vous réagissez avec calme dans des situations où vous étiez auparavant prompt à vous emporter.

Les exercices que vous découvrirez dans ce livre peuvent être pratiqués seul(e) ou avec votre partenaire ou un(e) bon(ne) ami(e). Vous apprenez de manière ludique qu'un enfant est actif en chacun de nous et vous apprenez à vous connaître ou à vous connaître mutuellement d'une manière qui renforce le lien intime entre vous.

À la fin du voyage, vous vous sentirez peut-être bien armé pour affronter la prochaine petite ou grande crise de la vie quotidienne, car vous pourrez facilement éviter les situations dans lesquelles vous vous épuisiez émotionnellement auparavant. Êtes-vous prêt ?

J U L I A   W I E D E R S P O H N

Le modèle de l'enfant enfant intérieur

EMPREINTE DE LA PETITE ENFANCE ET APPROCHES THÉRAPEUTIQUES

Durant les premières semaines de sa vie, un nourrisson se perçoit encore comme une unité parfaite avec sa mère, mais à partir du troisième mois commence le processus d'apprentissage passionnant de la vie. Tout d'abord, des expériences qui associent son comportement à un effet particulier, comme par exemple le fait de crier en mangeant ou d'attraper un objet en le proposant apparaissent. Les réactions de la mère sont perçues comme un miroir et la perception de son propre corps se développe lentement. Au début de la deuxième année de vie, le petit enfant développe sa propre volonté et fait pour la première fois l'expérience des limites, qui se terminent par des larmes et des déceptions lorsqu'elles sont fixées. À la fin de la deuxième année, nous reconnaissons notre reflet comme notre propre "moi". C'est le début de notre autonomie. A partir de la troisième année, un enfant établit un lien de cause à effet, mais voit la cause d'une louange, d'un reproche, d'une interdiction ou d'une réprimande en lui-même.

Innocents et entièrement entre les mains de nos parents, nous n'avons, en tant que petit enfant, que ces besoins fondamentaux : Alimentation, santé, sommeil, sécurité, amour, acceptation et protection. Ce sont les premières années de vie, entre 0 et 6 ans, au cours desquelles les expériences positives et négatives sont inconsciemment stockées pour l'avenir - sur notre disque dur.

C'est là que sont posées les bases de nos futures capacités de développement et d'apprentissage, qui sont équivalentes aux futures compétences sociales de chaque personne.

Les expériences douloureuses vécues dans la petite enfance ont déclenché chez le jeune enfant des peurs ou une résistance à d'autres expériences et il a appris des mécanismes de protection et de défense pour faire face à ces expériences. De plus, en tant que jeunes enfants, nous avons appris comment nous comporter pour éviter ces situations. Ce faisant, il se peut que notre perception ait été réprimée ou que nous nous soyons méfiés de nos sentiments, que nous les ayons niés ou considérés comme faux et que nous ayons fait semblant.

Chaque enfant a le désir d'être aimé par ses parents et si, au cours de son épanouissement personnel, il fait l'objet de rejets répétés, de punitions ou de froideur de la part des personnes de référence, ce besoin est lentement réprimé. Il s'agit d'une fonction de protection qui se déroule inconsciemment dans le cerveau, selon le chercheur en neurosciences Gerald Hüther. Le neurologue explique que ce mécanisme, appelé "cohérence", est indispensable pour que le cerveau et, par la force des choses, l'être humain tout entier, consomment le moins d'énergie possible. Cet état est atteint lorsque tous les processus neurologiques et biologiques s'accordent de manière optimale. Si un conflit survient entre le besoin de reconnaissance de l'enfant et le rejet des parents, la cohérence est perturbée et cet état devient très vite inconfortable, car les cellules nerveuses du cerveau commencent à s'activer de manière non coordonnée. Il s'ensuit un malaise et nous cherchons une solution. Si la solution est trouvée, la chimie du cerveau redevient plus cohérente et nous nous sentons mieux. C'est pour cette raison que le petit enfant renonce volontiers à ses besoins. Selon Gerald Hüther, une autre circonstance vient ensuite récompenser involontairement cette fonction neurologique : les félicitations des parents parce que l'enfant est sage.

Il poursuit en expliquant que ce sont précisément ces processus neurologiques qui nous permettent de bien nous intégrer, de nous adapter à la famille et à la société. Il en conclut qu'un bon diplôme scolaire, par exemple, n'est pas nécessairement un indicateur d'intelligence et d'assiduité, mais de bonne capacité d'adaptation. Plus le cerveau s'implique dans la répression des besoins et des traits de personnalité, plus une personne est capable de s'adapter.

Le chercheur est convaincu que l'on n'est jamais vraiment heureux dans cet état, car les besoins qui ne cessent d'émerger sont repoussés à grand renfort d'énergie dans le cerveau. Les personnes concernées s'adaptent toujours davantage aux conditions de vie extérieures, s'intègrent partout et ne disposent d'aucun épanouissement individuel. Elles ont perdu des qualités importantes telles que la joie de vivre, la spontanéité et la passion. La bonne nouvelle, c'est que le cerveau est capable de se reconstruire tout au long de la vie et qu'il n'est jamais trop tard pour se défaire des schémas comportementaux et émotionnels acquis. Pour cela, il est nécessaire d'entrer à nouveau en contact avec nos besoins et les éléments de notre personnalité. La recherche sur le cerveau approche cette capacité sous le nom de "neuroplasticité".

En psychothérapie, on considère depuis les années 90 l'enfant intérieur comme un modèle pour les expériences individuelles de l'enfance, c'est-à-dire un ensemble de sentiments, de souvenirs et d'expériences. Des sentiments tels que la joie, la douleur, le bonheur, la tristesse, l'intuition, la curiosité, l'abandon, la solitude, la peur et la colère sont vécus par le petit enfant, mais en raison de l'autoréflexion encore manquante d'une conscience adulte, ils sont transformés plus tard en modèles de croyance et de vie dysfonctionnels et malsains.

Dans différentes approches psychothérapeutiques, le travail avec l'enfant intérieur est utilisé pour guérir les blessures psychiques et les traumatismes de l'enfance, pour trouver plus d'amour de soi, de conscience de soi et, globalement, une relation plus saine avec soi-même. Une double perspective est délibérément adoptée : celle de la conscience observatrice, adulte et réfléchie, et celle du petit enfant intérieur qui fait l'expérience. Il est ainsi possible d'établir des liens en faisant passer le lien de cause à effet de l'état inconscient à la conscience, de le comprendre et de l'accepter, de l'éclairer et de le guérir.

L'intégration des expériences négatives du passé et la dissolution des modèles de comportement pesants ne sont pas nouvelles. Partie intégrante du travail psychothérapeutique, des cercles de guérison alternatifs et spirituels visant à éliminer les blocages ou des séminaires de développement personnel et de coaching existent, ce principe a de nombreux frères et sœurs, par exemple l'intégration du "moi de l'ombre", les constellations familiales selon Bert Hellinger, la prière hawaïenne du pardon Ho'Opoono, la PNL, etc.

En théorie, il s'agit toujours de se débarrasser des douleurs du passé et de guérir les sentiments qui y sont liés. Le concept de l'enfant intérieur n'attire pas seulement l'attention du monde occidental par le biais de nombreux guides et séminaires, mais fait également partie intégrante du bouddhisme, par exemple, pour une vie plus heureuse.

COMMENT PUIS-JE SAVOIR SI JE SUIS
DES CONFLITS NON RÉSOLUS DE L'ENFANCE ?

Eh bien, je peux vous rassurer. Aucune enfance n'est parfaite, c'est ce qu'écrit Stefanie Stahl dans son best-seller "Das Kind in dir muss Heimat finden". Ni les parents parfaits ni l'enfance parfaite n'existent. Nous devrions donc commencer par aborder le travail avec l'enfant intérieur de manière détendue, car nous avons tous connu des conflits. Il existe cependant quelques indices qui laissent penser que des comportements malsains se sont manifestés en raison de l'expérience de la petite enfance :

1. Besoin de contrôle
2. Manque d'empathie et de sensibilité envers l'autre, froideur des sentiments dans le couple, "murer" ou "fermer" les conflits
3. Problèmes dans les relations avec les figures d'autorité

4. Forte rébellion contre les règles du jeu sociales, sociétales, familiales ou partenariales imposées

5. recherche d'harmonie (entre autres abandon de soi, épuisement, dépression, burn-out)

6. peur de perdre (par exemple, création de dépendances et maintien dans des relations malsaines, soumission)

7. Adopter un rôle de victime (p. ex. se plaindre, râler, gémir)

8. Manque d'esprit de compromis (par exemple, toujours "chercher les cheveux dans la soupe", être rabat-joie)

9. Perfectionnisme (p. ex. pas de perception de ses propres limites, dépense physique et psychique, discipline accrue, p. ex. dans le sport, l'alimentation, au travail, dureté de soi)

10. Manque d'amour de soi (par ex. rejet de son propre corps, obsession de la beauté)

11. Comportements addictifs (alcool, drogues, etc.)

12. Fortes sautes d'humeur, débordements émotionnels inappropriés

> 13. Manque de confiance en soi et dans les autres (p. ex. jalousie, contrôle, sentiment d'infériorité)
> 14. un égocentrisme excessif (par exemple, un fort désir de voir ses propres besoins toujours satisfaits, si nécessaire en créant toujours de nouvelles maladies ou de nouveaux mensonges)

L'intensité de ce stress et le fait qu'il s'accompagne ou non d'une souffrance sont ressentis très différemment d'une personne à l'autre. Comme nous aspirons tous à plus de sérénité, de détente et de santé, nous devrions y regarder de plus près, car le stress et les conflits entraînent à la longue des effets secondaires indésirables.

Même les sentiments qui paraissent subtils au premier abord dans des situations quotidiennes méritent d'être examinés à la loupe : Par exemple, si vous vous énervez tout le week-end contre votre chef parce qu'il vous a envoyé une commande le vendredi une demi-heure avant la fin du travail, que vous ne pouvez donc pas profiter de votre temps libre sans soucis et que vous arrivez au bureau de mauvaise humeur le lundi. Ou bien vous

vous réjouissez depuis longtemps d'une excursion ou d'un événement prévu et le jour même vous ne vous sentez pas d'humeur, vous avez peut-être des symptômes de maladie psychosomatique comme par exemple des maux de dos ou de tête. Une dispute avec votre partenaire s'envenime, le soi-disant moustique se transforme en éléphant. Un inconnu dans la rue vous critique pour une petite chose et, intérieurement, vous brûlez de colère et cela vous reste longtemps en travers de la gorge.

ENFANT DE L'OMBRE ET DU SOLEIL

Dans le travail thérapeutique, la part infantile de notre personnalité est en principe scindée en deux parties. L'enfant en nous, qui a été aimé, accepté et accueilli par ses parents, est souvent appelé "enfant soleil" ou "enfant heureux". Toutes les expériences positives et les sentiments vécus sont attribués à "l'enfant soleil" et s'expriment en particulier par des traits de personnalité tels que la joie, la spontanéité, l'ouverture, la curiosité, l'enthousiasme, le sens des responsabilités, l'humour, l'empathie.

Contrairement à l'"enfant soleil", l'"enfant ombre" a été rejeté, ignoré, traité avec sévérité, a ressenti un manque d'amour ou a été abandonné. Les sentiments et expériences négatifs sont attribués à "l'enfant de l'ombre" ou à "l'enfant malheureux". Des traits de personnalité tels que la tristesse, la frustration, la colère, l'envie, la jalousie, la honte, etc. se manifestent par exemple.

La distinction symbolique entre l'enfant joyeux, insouciant et plein de vie et l'enfant triste, solitaire et rejeté sert à simplifier et à classer les croyances négatives et positives et peut être utilisée indépendamment pour le travail personnel avec l'enfant intérieur.

Il est important d'intégrer le fait que votre subconscient s'efforce toute votre vie de revivre les expériences douloureuses et négatives qui n'ont pas été traitées lorsque vous étiez enfant et qui vous ont durablement marqué. Ces situations, thèmes, circonstances et personnes avec les caractéristiques correspondantes "adéquates" vous sont présentés et vous les invitez inconsciemment dans votre vie jusqu'à ce que vous trouviez une (re)solution. Vous ne le faites pas consciemment pour continuer à éprouver ces sentiments négatifs ou pour panser vos blessures, mais pour y trouver une guérison, une fin heureuse. Votre enfant intérieur vous montre un chemin de guérison, de résolution des conflits, qui passe souvent par la douleur. Mais il vous aide aussi à reconnaître qu'il est temps de mettre fin à des cycles malsains.

Exemples tirés de la pratique

L'ENFANT INTÉRIEUR DANS LE COUPLE
PARTENARIAT

Le choix du partenaire dépend de plusieurs facteurs, mais l'enfant intérieur est souvent la force motrice, le moteur du choix du partenaire de vie, mais aussi des amis ou des amants. Les thérapeutes de couple s'accordent à dire que l'enfant intérieur cherche et trouve ses parents dans le couple. Ce qui nous a été refusé lorsque nous étions enfants, ce que nous n'avons pas reçu à l'époque, la partie inconsciente en nous espère maintenant l'obtenir. Il n'est donc pas surprenant que nous soyons souvent attirés par des personnes qui ressemblent à notre père ou à notre mère. Il peut s'agir de caractéristiques extérieures ou intérieures. Mais il y a aussi le contraire : lorsque le comportement des parents a été fortement rejeté, nous recherchons précisément la personne qui, à première vue, incarne l'exact contraire des parents. Il peut arriver qu'après la première phase d'amour, on se rende compte que le comportement du partenaire se transforme en celui d'un parent, et la déception est compréhensible.

Comment puis-je savoir que l'enfant intérieur participe au choix du partenaire ?

- Nous tombons toujours sur des partenaires qui sont tout aussi infidèles, émotionnellement refroidis, irascibles, jaloux, contrôlants, etc. (comme l'était l'un de nos parents).
- Nous vivons le mariage de nos parents par procuration dans notre mariage ou notre relation. Le partenaire prend la position d'un parent dans son

comportement et nous nous transformons automatiquement en l'autre parent. ("Pourtant, je n'ai jamais voulu devenir comme ma mère .../ mon père ...").

• Nous assumons la responsabilité d'un couple et nous aspirons en fait à une épaule forte, à nous laisser aller et à être soutenus. (Cela peut vous sembler familier si vous avez été livré à vous-même trop tôt dans votre enfance ou si vous avez été responsable de vos frères et sœurs).

• On choisit un partenaire qui nous comble d'attention et de soins, qui nous contrôle peut-être ou qui nous manipule ou nous met au pas (comme l'a fait notre père ou notre mère).

• Le partenaire nous rejette, nous ignore, nous laisse seuls, ne nous permet pas d'être proches (par exemple, si la mère nous a laissés seuls physiquement ou émotionnellement trop tôt ou si le père nous a punis par l'ignorance en cas de mauvaise conduite).

• Nous ne passons jamais en premier pour notre partenaire (c'est particulièrement fréquent chez les frères et sœurs, lorsque les parents ont accordé plus d'attention à l'enfant de la fratrie).

Lorsque nous tombons amoureux d'une autre personne, une guérison complète de l'enfant intérieur a lieu des deux côtés, car on se sent totalement accepté par l'autre, on fait l'expérience d'un amour et d'une sécurité inconditionnels et l'enfant (solaire) en vous vit les sentiments refoulés d'un enfant intact et heureux. Lorsque nous sommes amoureux, nous pouvons décrocher la lune, rien ne nous déstabilise, nous ressentons du bonheur, de la joie de vivre, de la spontanéité, nous voyons soudain la vie en rose, le ciel est plein de violons. Nous sommes totalement connectés à nous-mêmes. Nous considérons l'élu de notre cœur comme parfait et entier, car nous aussi, dans cette phase, nous sommes entiers et parfaits en nous-mêmes.

Lorsque nous sommes amoureux, notre cerveau libère davantage de neurotransmetteurs qui nous rendent heureux, car ils ont une influence directe sur la perception des émotions et stimulent les zones cérébrales concernées. Il est intéressant de noter que ces zones font également partie du système de récompense de la structure neurologique.

Ce n'est pas pour rien que la phase du sentiment amoureux est comparée à une ivresse, car nous sommes précisément sous l'influence de la dopamine, une drogue. Pour que le corps puisse s'adapter à cette situation exceptionnelle, l'adrénaline, l'hormone du stress, est produite, ainsi que quelques autres neurotransmetteurs. Ce cocktail de composés chimiques nous permet de vivre une phase d'engouement entre deux semaines et deux ans. Plus précisément, cela signifie que l'on soumet son corps à une situation de stress permanent lorsqu'on tombe amoureux. Cet état consomme beaucoup de ressources énergétiques et physiques et ne peut donc pas être maintenu à long terme.

Il arrive un moment où le cerveau réduit la sécrétion de ces messagers chimiques et nous en coupe lentement mais sûrement l'approvisionnement. Il s'agit d'un mécanisme de protection visant à rétablir l'équilibre de notre système biologique. Il s'agit maintenant de stabiliser le lien avec le partenaire. Les premiers conflits se préparent, des déceptions surviennent et avec elles, de nouvelles blessures émotionnelles qui ressemblent à celles auxquelles nous avons été exposés dans l'enfance.

Situation : Sabine rentre du travail, est bouleversée et en colère contre son chef et raconte impulsivement à son ami Arno son expérience en élevant la voix et en exprimant sa colère. Arno réagit d'autant moins que Sabine s'emporte. Comme il n'y a ainsi aucune réaction de sa part, elle lui demande, indignée : "Est-ce que tu m'écoutes ?", ce à quoi il répond : "Bien sûr, tu ne parles que de ça depuis vingt minutes". Sabine est contrariée et reproche à son ami de ne pas s'intéresser à elle et de ne s'occuper de toute façon toujours que de lui-même. Elle hausse le ton et Arno se lève sans hésiter et va dans le garage pour se soustraire à la situation. Sabine, horrifiée, lui court après et s'accroche à son mollet comme un terrier, le provoquant - de plus en plus fort - afin d'obtenir une réaction. Arno ne réagit plus du tout, jusqu'à ce qu'il explose ou quitte complètement la maison.

Ici, ce ne sont pas deux adultes qui se disputent, mais Sabine, cinq ans, et Arno, six ans. Sabine a souvent été ignorée par sa mère ou ses besoins ont tout simplement été ignorés et elle ne s'est pas sentie prise au sérieux en tant qu'enfant. Le père d'Arno était colérique et criait et hurlait souvent, Arno a appris à ne se soustraire à cette situation insupportable pour lui qu'en fuyant. Enfant, il voyait en lui la cause de la colère de son père.

Situation : Ute est contrariée car son mari Kurt a l'habitude de laisser souvent ses chaussettes traîner et elle explose lorsqu'il rentre du travail et enlève déjà ses vêtements de travail dans le couloir. Ute lui demande si elle n'est que sa servante et qu'elle ne cesse de nettoyer derrière lui et n'est pas sa mère. Fatigué et épuisé, Kurt est accueilli par son épouse "chialeuse" et bientôt, cela n'en reste plus aux chaussettes ou aux vêtements de travail sur le sol. Kurt reproche à Ute la longueur de sa journée, le fait qu'elle veuille faire de sa fin de journée un enfer et qu'il ne peut de toute façon pas lui plaire. Ici aussi, il s'agit en réalité d'un conflit entre la petite Ute et le petit Kurt. Ute était souvent grondée et punie lorsqu'elle était désordonnée. Ses parents attachaient beaucoup d'importance à la propreté et à l'ordre et ne la félicitaient que lorsqu'elle accomplissait les tâches ménagères qu'on attendait d'elle. Enfant, le petit Kurt était souvent critiqué par sa mère, qui ne lui faisait pas de cadeau. La reconnaissance et les louanges lui étaient refusées.

Situation : Linda a pris rendez-vous dans un garage et raconte à son ami, en pleurant, qu'elle s'est fait rouler dans la farine sans pitié, qu'elle a été traitée de manière désagréable et qu'en tant que femme, elle n'est de toute façon pas prise au sérieux. Son ami Marco lui demande, avec plus d'ironie que d'indignation, ce qu'elle attend de lui, s'il doit appeler ou passer directement ? Une solide dispute s'ensuit, au cours de laquelle Linda reproche à Marco de ne jamais s'engager pour elle, qu'elle n'a pas de chance dans la vie, etc. Marco se sent injustement critiqué et énumère tout ce qu'il règle pour Linda et qu'elle est une pleurnicheuse et ne devrait pas se comporter ainsi. Enfant, Linda a grandi sans mère et n'a reçu de son père, qui devait s'occuper d'elle et de ses trois frères et sœurs, qu'une attention sans partage que lorsqu'elle était impuissante et en pleurs. Très tôt, on attendait d'elle qu'elle soit indépendante et le fait d'endosser le rôle de victime lui a souvent permis d'obtenir l'attention souhaitée de la part de son père. La mère de Marco, en revanche, souffrait d'une maladie chronique qui rythmait presque exclusivement le quotidien de la famille. Marco a dû s'occuper très tôt de ses frères et sœurs et de sa mère, qui s'apitoyait souvent sur son sort et ne prenait pas en compte les besoins des enfants.

Situation : Kerstin entretient une relation avec Stefan, un homme colérique et maladivement jaloux. Stefan contrôle le téléphone portable de Kerstin, ouvre son courrier, lui fait régulièrement une scène dans laquelle il l'accuse d'infidélité. Kerstin souffre beaucoup de cette situation, mais est incapable de se libérer de cette relation toxique. Elle essaie de tout faire pour lui plaire et satisfaire toutes les exigences que Stefan lui impose, car elle veut le rendre heureux. Lors de sa dernière relation, Kerstin est tombée sur un homme alcoolique, cette relation a également été très malheureuse pour elle et pourtant, pendant longtemps, elle n'a pas été capable de se séparer de cet homme.

Les parents de Kerstin ont divorcé quand Kerstin avait deux ans. Elle a grandi avec sa mère et a ensuite perdu tout contact avec son père. Le traumatisme de la perte de son père est profond, c'est pourquoi elle ne veut plus jamais se sentir seule, isolée ou abandonnée. Stefan a été négligé par ses parents et n'a pas été apprécié à sa juste valeur, il a souvent été maltraité verbalement. Il a finalement été élevé par ses grands-parents. Il a développé une faible confiance en lui, il craint toujours l'infidélité de sa partenaire, car il a le sentiment de ne rien valoir.

Situation : Marion rentre chez elle avec une demi-heure de retard, la joie se lit sur son visage car elle a gagné deux billets pour une aventure en plein air et acclame son mari Ernst. Mais celui-ci est occupé avec son téléphone portable et lui murmure qu'il a encore du travail et à quel point cette nouvelle mission est importante. Marion est déçue et se retire tristement. Marion a grandi avec une sœur.

L'attention des parents se concentrait souvent sur le frère ou la sœur, Marion se sentait souvent ignorée et l'impression qu'elle recevait moins d'amour et de reconnaissance que sa sœur s'est imprégnée en elle. Ernst a été élevé de manière très consciencieuse et a souvent reçu des éloges et de la reconnaissance lorsqu'il a accompli une performance. Le temps pour jouer et les espaces de liberté n'avaient pas beaucoup de place ou de priorité. L'enfant intérieur de Marion veut se réjouir et partager son enthousiasme avec son partenaire, mais comme Ernst ne réagit pas avec autant d'enthousiasme qu'elle l'espérait, elle se sent rejetée et ignorée. Ernst, quant à lui, veut d'abord remplir ses obligations avant de s'accorder des libertés, et il est irrité par le manque de ponctualité, car pour lui, c'est un signe de désintérêt. Son père a souvent promis d'être présent aux spectacles de l'école ou aux manifestations sportives et arrivait souvent beaucoup trop tard, manquant les interventions de son fils.

Ces exemples vous ont peut-être donné une idée de la manière dont l'enfant intérieur influence de manière déterminante tout conflit, toute crise, toute dispute potentielle dans une relation. Dans la plupart des cas, ce sont les petits enfants en vous et votre partenaire qui entrent en conflit. Ils se bousculent, donnent des coups de pied, des coups de poing, s'injurient, cassent leurs jouets, se rebiffent, se retirent en s'offusquant ou tirent la langue à l'autre. En prenant conscience de cela, vous avez déjà fait le premier pas vers l'amélioration. Peu importe que votre partenaire soit au courant de son enfant intérieur et qu'il en soit conscient. En vous occupant de votre enfant intérieur et en le guérissant, vous désamorcez toutes les situations émotionnellement chargées grâce à votre comportement et à votre communication nouvelle. Vous avez identifié et fait la paix avec vos croyances et vos empreintes négatives qui vous font souffrir et vous pouvez, à partir d'un état guéri, considérer la situation d'une toute autre manière.

En d'autres termes, vous évaluez la situation à partir d'une conscience adulte et le fait que votre partenaire ait laissé sa vaisselle sur la table de la cuisine ou qu'il ait fait quelque chose d'autre, qui vous aurait normalement déçu ou fait bouillir de colère, est perçu par vous comme une situation neutre - totalement dénuée de jugement - et, dans le meilleur des cas, vous la prenez très calmement. C'est notre vision du monde et nos habitudes qui donnent du piment à toutes les situations. Cela explique également le fait que des situations identiques provoquent des réactions différentes chez des personnes différentes. Les chaussures non cirées de l'homme peuvent provoquer de la honte et des insultes chez la première épouse lors du brunch dominical, mais la deuxième épouse s'en moque complètement, elle ne le remarque même pas.

Une fois que vous avez changé de perspective, vous pouvez formuler vos souhaits et vos espoirs de manière très claire et directe. Dans le premier exemple, si Sabine avait remarqué qu'elle s'emportait, elle aurait pu envoyer Arno en avance :

"Excuse-moi de m'énerver comme ça, mais j'ai besoin d'évacuer un peu de colère avant de pouvoir me calmer. Cela n'a rien à voir avec toi ! Ce serait bien que tu m'écoutes simplement et que tu me dises ce que tu aurais fait dans ma situation". Arno ne se serait pas senti coupable et n'aurait pas fui, la situation aurait été désamorcée.

Dans le deuxième exemple, Ute aurait pu dire par exemple : "Tu sais, Kurt, je sais que tu as eu une longue journée et que tu as hâte de prendre une douche. Mais ce n'est pas à moi de ranger tes affaires. Tu m'aiderais beaucoup si tu les mettais toi-même dans le bac à linge". Avec un clin d'œil, elle aurait pu ajouter : "Et si à l'avenir je trouve encore une paire de chaussettes à toi sous le canapé, elles iront à la poubelle". Parfois, une remarque humoristique ou sarcastique véhicule également un message important. Ute a témoigné de la reconnaissance à son mari tout en formulant ouvertement ses souhaits.

Dans notre troisième exemple, Linda pourrait formuler à quel point elle s'est sentie impuissante et écrasée dans cette situation et combien il aurait été agréable que Marco soit présent, car il sait beaucoup mieux négocier et connaît bien le secteur. Il aurait certainement répondu qu'il l'accompagnerait à l'avenir lors de ce genre de rendez-vous.

Dans l'exemple suivant, Kerstin a réalisé que son enfant intérieur n'avait pas supporté la perte de son père et qu'elle ressentait de la panique lorsqu'il s'agissait d'être seule. Elle reste donc dans des relations malsaines ou s'expose à des dépendances. En guérissant son traumatisme personnel, elle trouve la confiance et l'assurance nécessaires pour mettre fin à la relation et réaliser qu'elle peut "remplacer le vide" du partenaire inexistant par d'autres choses positives.

Dans le dernier exemple, une simple excuse pour le retard aurait directement conduit Ernst à dire : "Oui, super ! J'ai hâte d'y être ! Je dois encore m'occuper de cette mission, mais quand j'aurai fini, nous pourrons planifier notre sortie, d'accord ?" Si Marion avait en plus exprimé son espoir qu'Ernst se réjouisse autant qu'elle, les deux parties auraient été satisfaites du compromis dans cette situation.

Le changement de perspective demande un peu d'entraînement et d'attention et ne réussira peut-être pas du premier coup. Il se peut aussi que, bien que vous travailliez avec votre enfant intérieur, vous retombiez malgré tout dans vos anciens schémas de comportement et de communication. Soyez patient avec vous-même. Aucun maître n'est encore tombé du ciel et certaines empreintes d'autrefois sont plus profondes que d'autres. Il y a des thèmes de vie que vous maîtriserez très facilement, tandis que d'autres vous paraîtront insurmontables, certains ne pourront jamais être complètement détrônés. Pas à pas, vous deviendrez plus sereins et détendus et vous constaterez qu'une compréhension beaucoup plus profonde de l'autre se développera, que votre relation connaîtra une nette amélioration et que vous serez récompensés à long terme par un engagement heureux et épanoui. En fin de compte, vous vous sentirez tout simplement mieux parce que vous vous autoriserez à être ce que vous êtes et à appeler les choses par leur nom. Vous maîtrisez mieux vos émotions, vous n'êtes plus victime de programmes qui se déroulent inconsciemment et vous pouvez intervenir de manière proactive lorsqu'un conflit menace de dégénérer.

L'ENFANT INTÉRIEUR AU TRAVAIL

Pour rappel, votre enfant intérieur vous accompagne partout, car il fait partie de votre personnalité. Il est assez probable qu'il se manifeste au travail, car nous vivons dans une société qui se définit par la performance et le statut. Nous avons appris très tôt à fonctionner, à obtenir quelque chose, à nier nos désirs au lieu de nous occuper de choses qui nous font plaisir (mais qui n'assurent peut-être pas le revenu de notre vie). Dans notre société, nous avons appris à jouer des coudes, à nous affirmer, à jouer selon des règles qui ne sont pas les nôtres. Nous nous adaptons, car nous pensons être en bas de la chaîne alimentaire. Très tôt, nous avons fait l'expérience des représailles, des punitions et des restrictions qui suivent si nous ne "jouons pas le jeu". Il se peut que nous acceptions quotidiennement des hiérarchies qui ne nous valorisent pas et que nous passions notre vie à faire de nombreuses choses virtuelles que nous ne pouvons pas saisir et qui n'ont pas de résultat positif immédiat.

Il vaut la peine de regarder très attentivement ce que votre enfant intérieur souhaite sur votre lieu de travail et si ces besoins sont en grande partie satisfaits. Si ce n'est pas le cas, vous devriez commencer rapidement à guérir votre enfant intérieur ! Je ne vous dis certainement rien de nouveau si j'attire votre attention sur le fait qu'à long terme, de nombreuses maladies trouvent leur origine dans une relation de travail malsaine et malheureuse.

Les comportements suivants sur le lieu de travail peuvent indiquer un conflit de votre enfant de l'ombre :

- Vous ne savez pas dire non, vous vous sentez souvent débordé parce que vous vous imposez plus de travail que vous ne pouvez en faire en termes de temps ou de personnel.

• Vous voulez tout faire vous-même et vous avez du mal à demander de l'aide parce que vous interprétez cela comme un échec si vous demandez du soutien.

• Vous n'écoutez pas les signaux de votre corps, vous pouvez même vous rendre au travail en étant malade, de peur d'abandonner vos collègues ou que votre absence soit assimilée à une faiblesse ou que l'on vous traite secrètement de simulateur.

• Vous acceptez des conditions au travail qui vous répugnent intérieurement, par peur de perdre votre emploi.

• Ils essaient toujours de fournir de meilleurs résultats que leurs collègues, selon la devise "plus haut, plus vite, plus loin", jusqu'à l'abandon de soi et l'épuisement mental et physique.

• Vous changez souvent d'emploi, vous vous sentez victime de circonstances récurrentes.

• Vous ne reconnaissez pas l'autorité et vous vous rebellez ouvertement ou de manière cachée contre des personnes qui vous sont supérieures.

- En tant que supérieur(e), vous n'avez aucune empathie pour vos collaborateurs.
- C'est toujours le même collègue que vous aimeriez vaporiser à l'aide d'un pistolet laser parce qu'il/elle ... (ici, vous êtes libre de compléter vous-même ce qui vous énerve :-)).
- Vous réagissez aux critiques avec une sensibilité disproportionnée ou en vous défendant.

Veuillez également prendre conscience que l'enfant intérieur est également à l'œuvre chez vos collègues et vos supérieurs. En principe, ce sont les mêmes modèles de comportement inconscients qui entrent en jeu ici ainsi que dans toutes les relations interpersonnelles et peuvent ainsi conduire à un stress au travail, par exemple lorsque nous nous comportons de manière inappropriée parce que nous nous sentons traités injustement ou que nous ne pouvons pas faire face à la critique. Votre patron est peut-être colérique et réagit de manière extrêmement impulsive, ce qui vous amène régulièrement à vous crier dessus dans l'atelier ? Il se peut que vous ignoriez les instructions "d'en haut" et/ou que vous fassiez exactement le contraire ? Essayez-vous de rallier d'autres collègues à votre cause lorsqu'il y a un conflit ? Est-ce que vous vous mettez immédiatement en position d'attaque lorsqu'on vous fait une remarque bien intentionnée pour améliorer votre travail ?

Si vous commencez à soigner votre enfant intérieur, vous créerez à terme un meilleur climat au travail, vous vous entendrez mieux avec vos collègues, vous connaîtrez vos limites et, espérons-le, vous aurez le courage de les formuler. Découvrez pourquoi vous entrez toujours dans le bureau du patron ou vous vous rendez au travail le lundi matin avec un sentiment de malaise au creux de l'estomac. Débarrassez-vous de ces schémas de pensée négatifs et posez ainsi une pierre angulaire importante pour une vie professionnelle plus saine et plus satisfaisante.

L'ENFANT INTÉRIEUR DANS L'ENVIRONNEMENT SOCIAL

Étant donné que la manifestation de la douleur de l'enfant peut être transposée aux blessures du passé et à la manière dont vous avez appris à les gérer dans tous les domaines de la vie où nous entrons en relation avec d'autres personnes ou circonstances, vous pouvez également appliquer cette méthode aux amitiés, au statut social, à la famille et aux structures sociales. Les conflits n'apparaissent pas toujours aussi ouvertement que dans les relations et il arrive même que vos réactions émotionnelles vous surprennent. Par exemple, il peut arriver qu'une personne totalement inconnue vous renverse verbalement dans la rue ou au supermarché et que vous en soyez tellement bouleversé intérieurement que cela vous préoccupe encore des heures après ou que vous en parliez encore à votre cercle d'amis plusieurs jours après. Par ailleurs, des changements sociaux, politiques ou économiques peuvent survenir et interpeller votre enfant intérieur, auquel vous réagissez de manière très émotionnelle. C'est toujours l'expression de la façon dont vous souhaitez que votre entourage vous perçoive, de la façon dont vous percevez le monde extérieur et du besoin fondamental qui se cache derrière. Restez ouvert aux moyens que votre enfant intérieur choisit pour se faire remarquer.

L'ENFANT MALHEUREUX ET LES MALADIES

Nous aspirons tous au bien-être et à la prospérité. Si les besoins ne sont pas satisfaits sur une longue période, s'ils sont niés et si nous nous exposons en permanence à des conflits qui pèsent sur notre psychisme, des maladies apparaissent, qui sont l'expression d'une âme ou d'un corps en souffrance. Névroses, acouphènes, syndrome du côlon irritable, maladies douloureuses, vertiges, troubles alimentaires, dépressions, burn-out, la liste est longue. Pour éviter d'en arriver là, nous devrions apprendre à nous concentrer sur nous-mêmes, à comprendre nos processus intrapsychiques et à limiter les dégâts. Comme nous avons tous un enfant de l'ombre en nous, nous devrions essayer de guérir les blessures du passé. Le travail avec l'enfant intérieur est l'une des méthodes les plus importantes pour se comprendre soi-même et trouver la guérison. Votre psychisme vous envoie des signaux par le biais de votre corps et si vous ne les percevez pas, des maladies se manifestent dans le pire des cas. En d'autres termes, votre enfant intérieur peut être malade et vous en donner l'indication au niveau physique.

La gravité d'une blessure que vous subissez en tant qu'enfant et la manière dont vous la gérez dépendent beaucoup de votre structure de personnalité individuelle. Si l'ébranlement psychique est très fort, on parle de traumatisme. Si les besoins fondamentaux que vous aviez en tant qu'enfant, mentionnés au début, n'ont pas été satisfaits, si vous avez par exemple été fortement négligé, si vous avez subi des abus physiques ou verbaux ou des violences, si vous n'avez pas du tout ressenti d'amour, il est dans tous les cas recommandé de demander l'aide d'un thérapeute formé ou de travailler avec un coach de personnalité.

MALADIES ET PROGRAMMATION PRÉNATALE

Les premières années de la vie d'un enfant ne sont pas les seules à être déterminantes pour les processus intrapsychiques et la capacité de comportement et de conflit qui en découle dans son développement ultérieur. De nombreuses études se penchent sur ce que l'on appelle la "programmation fœtale", c'est-à-dire le lien entre le stress maternel pendant la grossesse et le développement de l'enfant à naître.

Dans les années 80, les observations de l'épidémiologiste britannique David Barker ont jeté les bases des recherches actuelles sur la programmation fœtale. Il se référait à la première étude publiée dans les milieux scientifiques sur les mères néerlandaises enceintes pendant l'hiver 1944/45. Le blocus allemand pendant la Seconde Guerre mondiale a entraîné une pénurie alimentaire et a été à l'origine de "l'hiver néerlandais de la faim". Les femmes enceintes étaient exposées à une malnutrition prononcée et à des carences en minéraux à différents stades de la grossesse. L'étude "Dutch Famine Birth Chort" s'est penchée sur les effets sur les enfants nés pendant ou peu après la famine. Les enfants présentaient souvent un poids inférieur à la naissance et étaient plus souvent atteints de diabète, d'obésité et de maladies cardiovasculaires par la suite.

Une étude récemment publiée par l'université canadienne McGill, sous le nom de projet "Ice Storm", a examiné le lien entre la programmation fœtale et les capacités cognitives et linguistiques de l'enfant. On a observé 150 enfants dont les mères avaient été exposées en 1998 à une coupure de courant de 40 jours pendant une tempête de glace. Ici, un lien entre le stress maternel et le tempérament de l'enfant (hyperactivité), les troubles de l'attention, les déficits de développement moteur et linguistique a été clairement démontré.

L'humeur, les angoisses existentielles, les soucis, le stress avec le partenaire, un mode de vie malsain pendant la grossesse ont une grande influence sur le développement neuronal du fœtus et envoient des prédispositions à la santé mentale et physique de l'enfant à l'avenir, responsable de la libération d'hormones de stress comme le cortisol ou des fluctuations hormonales. Les modifications des hormones thyroïdiennes d'une femme au cours des trois premiers mois de la grossesse, par exemple, influencent tellement le développement du cerveau du bébé qu'une offre insuffisante est associée à un risque accru de TDAH ou d'autisme.

Les scientifiques supposent qu'au niveau épigénétique, les jalons de la santé ou de la maladie future sont posés dès le ventre de la mère. L'épigénétique étudie la relation entre les facteurs environnementaux et la génétique. L'influence d'un accouchement le plus naturel possible sur la santé du nourrisson a déjà été bien étudiée : les bébés nés par césarienne souffrent plus souvent d'allergies ou d'asthme. La consommation d'alcool pendant la grossesse a montré que son effet sur le cerveau de l'enfant à naître peut provoquer un trouble du comportement et que l'enfant consommera lui-même plus d'alcool par la suite. Une multitude de facteurs pourraient avoir une influence prénatale, les médicaments, les compléments alimentaires, les édulcorants artificiels, etc.

Si vous faites partie des personnes qui disent avoir eu une enfance absolument heureuse et avoir été traitées avec amour et acceptation, mais que certains blocages émotionnels peut-être inexplicables pour vous ou certaines maladies chroniques se révèlent sans cause claire et que vous ne parvenez pas à en trouver la raison, il vaut la peine de vous demander comment votre mère se sentait pendant et au début de sa grossesse. Vous trouverez peut-être ici un indice !

Renforcer l'enfant heureux

Les sentiments et les humeurs positifs qui vous habitaient lorsque vous étiez petit peuvent être utilisés dans votre vie actuelle et, avec un peu de pratique, revenir à votre conscience. Cela semble bien, non ? À long terme, vous prévenez les maladies (car une attitude positive renforce le système immunitaire), vous renforcez votre confiance en vous, vous accédez à votre intuition, vous ressentez du bonheur et de la joie de vivre. En bref, il s'agit de prendre du plaisir !

En tant qu'enfant heureux, nous nous trouvons dans la confiance originelle et nous sommes :

- insouciant
- ludique
- créatif
- curieux
- insolent
- spontané, impulsif
- joyeux
- enthousiaste
- plein de joie
- présent ici et maintenant.

Pour faire renaître ces sentiments, il suffit de peu de choses, si ce n'est que vous vous autorisiez à le faire et que vous le laissiez faire. Vous vous sentirez peut-être bête au début, mais vous constaterez aussi à quel point cela fait du bien une fois que vous aurez commencé. En fin de compte, vous

vous faire du bien à vous-même est tout ce qui compte. Chaque coaching, chaque guide de vie, chaque séminaire de développement personnel, chaque enseignement spirituel veut vous transmettre cela ! Laissez entrer le bien-être, répondez à vos besoins, prenez du temps pour vous, prenez soin de vous ! Dans le chapitre suivant, vous découvrirez d'autres méthodes pour entrer en contact avec votre enfant intérieur. Pour votre enfant heureux, vous devriez prendre régulièrement du temps.

Voici comment accéder à votre enfant heureux :
1. Faites preuve de créativité ! Apprenez un métier ou commencez à peindre, faites du pain, déplacez les meubles de votre appartement, redécorez les pièces, réorganisez votre garde-robe, faites du jardinage, planifiez une fête, lancez-vous dans le modélisme, installez un atelier, etc. Faites quelque chose de vos mains, façonnez quelque chose, créez quelque chose, laissez libre cours à votre imagination !

2. Stimulez votre envie de jouer ! (Et oui, chères femmes, ne soyez pas si sévères lorsque votre partenaire regarde le match de football avec ses amis à la maison et qu'il y a des acclamations, des cris et des souffrances ! C'est aussi l'instinct du jeu. Faites-leur plaisir !) Organisez des soirées jeux entre amis ou en couple, faites des puzzles, résolvez des énigmes, prenez le toboggan de la piscine municipale en plein air, faites des jeux d'escape room, trouvez le meurtrier en résolvant des énigmes policières, sortez le vieux train Märklin de la cave, écoutez un livre audio et suivez l'actualité avec intérêt. Visitez un parc d'attractions. Faites des montagnes russes ! (Si cela ne vous est pas possible, regardez sur Internet des films sur les montagnes russes les plus hautes et les plus raides du monde, la perspective vidéo vous permet d'être aux premières loges dans le premier wagon ! Cela vaut également pour toutes les autres attractions).

3. Soyez insouciant ! Dansez avec une cuillère en bois à travers l'appartement en chantant votre chanson préférée, habillez-vous de manière colorée (vous n'êtes pas obligé de vous promener

dans le centre-ville en oiseau de paradis), chantez à tue-tête sous la douche, prenez un temps d'arrêt pour pratiquer votre activité préférée en oubliant complètement le temps, regardez des comédies amusantes pendant toute une journée et riez jusqu'à en avoir mal au ventre. Planifiez une soirée avec votre partenaire ou une fête où tous les invités doivent se déguiser. Accrochez un hamac sur votre balcon. Achetez un trampoline pour adultes. Mettez de la couleur dans votre vie ! Les couleurs ont une influence sur notre humeur, n'hésitez donc pas à faire des expériences entre vos quatre murs ou dans le choix de vos vêtements. C'est l'un des exercices les plus difficiles, car nous avons désappris à vivre des moments sans soucis, sans tracas et sans penser à demain.

4. Agissez de manière impulsive, sur un coup de tête. Quand avez-vous pris pour la dernière fois un esquimau au kiosque en rentrant chez vous ? Cela peut aussi être une moule à lécher ou un petit pain au ketchup ! Achetez quelque chose de beau, même si ce n'est pas nécessaire et peut-être même pas prévu dans votre budget, parce que cela vous

fait plaisir ! Promenez-vous pieds nus sous la pluie ou sautez dans toutes les flaques d'eau avec des bottes en caoutchouc. N'hésitez pas à vous salir. Prévoyez une sortie spontanée.

5. Nourrissez votre curiosité. Qu'est-ce qui vous a toujours intéressé ? Faites quelque chose ou apprenez quelque chose de complètement nouveau. Essayez quelque chose. Allez dans un musée et apprenez à connaître le passé. Lisez des livres ou des magazines. Des études ont montré que les personnes curieuses sont plus sûres d'elles et ont plus de succès dans leur vie professionnelle, et qu'elles vont plus souvent au travail avec plaisir. La curiosité a un effet positif sur votre mémoire, car les zones correspondantes du cerveau sont stimulées. Cherchez le contact avec des personnes inconnues, voyez ce qui se passe. Essayez le nouveau restaurant de Mongolie orientale. Découvrez de nouveaux endroits et de nouvelles personnes, voyagez ou découvrez de nouvelles destinations. (Si les voyages ne sont pas possibles pour le moment, regardez sur Internet des films sur les endroits que

vous aimeriez visiter. Apprenez à connaître d'autres cultures et des pays lointains).

6. Réalisez un rêve ! Enfant, vous rêviez de faire de la danse classique ou vous vouliez avoir une cabane dans un arbre ? Inscrivez-vous à un cours de "danse classique pour adultes". Peu importe votre âge ou votre condition physique. Cela développe votre coordination et votre souplesse et oui, j'ai moi-même déjà suivi deux de ces cours. Avez-vous les moyens de construire vous-même une cabane dans les arbres ? Peut-être juste une variante miniature pour les oiseaux ? Aviez-vous le droit de posséder un animal domestique lorsque vous étiez enfant ? Avez-vous la possibilité de satisfaire ce souhait aujourd'hui ? Les animaux ont une influence positive sur notre bien-être. Identifiez les petits et les grands rêves et notez-les.

7. Quand avez-vous fait une blague à quelqu'un pour la dernière fois et vous en êtes bien amusé ? Fabriquez par exemple d'affreuses figurines en marrons et offrez-les à vos amis et collègues en

vous amusant de leur réaction. Achetez un livre de farce et mettez-le en pratique !

Les possibilités sont ici illimitées et vous pouvez maintenant compléter et découvrir ce qui vous procure des sentiments de bonheur en particulier. En principe, il s'agit d'être pleinement en contact avec soi-même, de s'accepter de manière ludique et de permettre au petit enfant en nous de prendre de la place. Vous pouvez par exemple prévoir une ou deux heures chaque semaine pour vous occuper de votre enfant solaire.

Entrer en contact avec son enfant intérieur

La première étape pour provoquer une guérison de votre propre enfant intérieur est d'établir le contact. Comme les émotions de l'enfant du soleil ont une validité plus ou moins générale, le contact avec l'enfant de l'ombre est très individuel, car vos schémas de comportement négatifs dépendent de vos expériences très personnelles.

Pour vous faciliter la tâche, je vous conseille de vous aider de photos de votre petite enfance ou, si vous en avez, de regarder de vieilles diapositives ou de vieux films. S'il existe même des enregistrements audio de cette époque et que vous possédez encore un magnétophone, écoutez les anciens enregistrements.

EXERCICE PHOTO

Regardez vos photos et l'expression de votre visage au moment où vous les avez prises. Vous souvenez-vous de l'occasion à laquelle la photo a été prise ? Avez-vous l'air effrayé, inquiet ou en colère, avez-vous peut-être pleuré ? Dans la position d'un adulte aimant, parlez au petit enfant sur la photo. Demandez-lui ce qu'il ressent, pourquoi il est triste ou anxieux. Demandez-lui ce dont il a besoin à ce moment-là, comment l'aider. Dites-lui qu'il est en sécurité et bien entouré, qu'il est beau et que vous l'aimez. Quel que soit votre souhait à ce moment-là, ce que vous voulez dire à votre enfant intérieur, faites-le.

DES ENTRETIENS QUOTIDIENS
AVEC
VOTRE PETIT(E) MOI

Demandez chaque jour à l'enfant qui est en vous comment il va et ce dont il a besoin en ce moment. Si, par exemple, vous vous regardez dans le miroir après vous être levé et que vous vous adressez régulièrement au petit enfant en vous, vous obtiendrez bientôt des réponses intéressantes avec un peu de pratique. Vous pouvez également regarder une photo encadrée de vous, qui occupe une place fixe, et l'interroger chaque matin dans le cadre d'un rituel répétitif. Peut-être que le petit bambin en vous dit qu'il veut jouer aujourd'hui, ou que la petite diva veut quelque chose de particulièrement beau et coloré. Le petit moi veut peut-être aller chez tante Inge ou passer du temps avec son père. Ou bien il dit tout simplement : "Laisse-moi tranquille ! C'est là qu'interviennent vos capacités d'interprétation et votre créativité pour répondre à ce souhait, même si ce n'est qu'en partie ou par procuration. Cela pourrait se traduire par une fin de journée un peu plus tôt, un hobby, une activité agréable, un appel téléphonique avec un proche ou une visite impromptue chez vos parents pour passer un peu de temps ensemble.

Si, par malheur, vos proches ne sont plus en vie, la visite de leur dernière demeure compte également. Vous pouvez apporter une belle plante ou un autre objet et avoir des conversations affectueuses avec le défunt. Si votre enfant intérieur souhaite être laissé en paix, il est conseillé d'y donner suite et de reporter les rendez-vous importants ou les courses à un autre jour, si possible. Vous constaterez qu'avec le temps, cet exercice est très salutaire, car vous apprenez à être attentif à vous-même et à vos besoins.

LETTRES À VOTRE ENFANT INTÉRIEUR

Si vous avez du mal à communiquer verbalement, il est possible d'écrire des lettres à votre enfant intérieur. Avec le temps, cela peut devenir une correspondance, car votre enfant vous répondra.

Comme les messages sont écrits, ils peuvent servir d'aide à la guérison si vous n'êtes pas tout à fait sûr de savoir quelle expérience négative se cache derrière quelle cicatrice de l'âme. Vous pouvez commencer de manière générale ou poser des questions. Vous pourriez par exemple demander à quel moment l'enfant intérieur a été triste et s'il peut vous décrire une situation. Mon enfant intérieur m'a répondu un jour : "Tu te souviens quand j'ai construit une grotte dans le placard du couloir ? C'était vraiment confortable et douillet, j'avais une lampe de poche et même la vieille petite radio de papa. Je trouvais ça tellement confortable que j'aurais aimé partager cette sensation, car j'étais seul. J'ai demandé à maman de venir me rejoindre dans la grotte, mais elle m'a simplement répondu, très adulte et affairée, qu'elle n'avait pas le temps, car elle devait préparer le déjeuner. Cela m'a soudainement rendu profondément triste qu'elle ne puisse pas connaître cette belle sensation, et j'ai alors immédiatement quitté la grotte et je l'ai dé-montée. Comme je remarque en écrivant que des larmes montent en moi, je voudrais vous préparer au fait que le travail avec l'enfant intérieur peut faire monter en vous de fortes émotions et que vous devez vous préparer si des larmes coulent ici et là.

CRÉEZ UN CARNET DE NOTES

Ici, vous devriez séparer les pages ou les chapitres entre l'enfant du soleil qui rit et l'enfant de l'ombre qui pleure. Collez des photos de vous où vous riez et d'autres où vous avez l'air morose. Tout ce qui surgit en vous comme pensées, sentiments ou images pendant le travail avec l'enfant intérieur devrait être noté dans ce livre.

Pour retrouver la trace de l'enfant heureux, vous pouvez noter les éléments suivants :
Vous souvenez-vous de vos jeux préférés lorsque vous étiez enfant ? Avec qui jouiez-vous dans la cour et qui occupait quelle fonction ? Étiez-vous plutôt le voleur ou le gendarme ? Avec quoi passiez-vous le plus de temps ? Quel était votre jouet préféré ? De quoi riiez-vous le plus fort ? Quelles

qualités aimiez-vous particulièrement chez votre frère/sœur ? À qui avez-vous confié un secret ?

Vous pouvez noter ici tout ce qui vous a rendu heureux lorsque vous étiez enfant. Notez un événement heureux et ce que vous trouviez si génial à l'époque : Les vacances d'été à la ferme, c'était génial ! Nous, les enfants, pouvions jouer toute la journée et nous déplacer librement sur le terrain, maman et papa ...

Pensez par exemple à l'anniversaire de votre enfant. En tant qu'enfants, nous recevons généralement une attention particulière à notre anniversaire, nous sommes les petits rois d'un jour, nous recevons de superbes cadeaux, nous pouvons inviter des amis, nous jouons à des jeux spéciaux et nous nous réjouissons déjà des semaines à l'avance de cette journée. Notez ce qui a rendu cette journée si spéciale. Comment vous êtes-vous sentis ? En tant qu'adulte, à quoi ressemblerait la journée idéale pour que vous vous sentiez à nouveau ainsi ? Pour retrouver la trace de l'enfant malheureux, vous pouvez noter les éléments suivants :

Notez les situations ou les événements qui vous ont particulièrement mis en colère, attristé, déçu ou blessé. Y a-t-il eu quelque chose qui vous a terriblement effrayé ? Exemple : lorsque maman et papa ont emmené mon frère à tel ou tel endroit, je n'ai pas pu y aller, j'ai dû rester à la maison. La guérison peut déjà commencer si, en tant qu'adulte, vous identifiez aujourd'hui le message du petit enfant qui se cache derrière et l'écrivez : "Tu n'es pas à ta place". Transformez-le en vous adressant au petit enfant : "Tu en fais partie. Tu n'as pas pu venir parce que tante Inge avait pris un nouveau chien au refuge et qu'il était très ag-ressif. Maman et papa étaient inquiets et pensaient que ce n'était pas un environnement sûr pour un petit enfant. Tu n'es pas seul, je suis avec toi".

Vous pouvez aussi, par exemple, commencer les phrases suivantes et les compléter vous-même :

> • Mon enfant intérieur aime l'honnêteté. A tou-jours été honnête avec moi ...
> • Mon enfant intérieur est peut-être authentique. Quand ai-je fait semblant ou menti ?

- Mon enfant intérieur n'aime pas obéir. Quand ai-je toujours dû obéir ?
- Mon enfant intérieur n'aime pas les punitions. Quand ai-je été puni et comment ?
- Mon enfant intérieur n'aime pas être seul. Quand est-ce que je me suis sentie seule et isolée ?
- Mon enfant intérieur est peut-être accepté. Qui ne m'a jamais aimé ?
- Quand maman s'est-elle fâchée contre moi ?
- Quand papa s'est-il fâché contre moi ?
- Qu'est-ce qui était très méchant de la part de mon frère/ma sœur ?

TRAVAIL AVEC LES SYMBOLES

Pour entamer un dialogue avec votre enfant intérieur, vous pouvez prendre en main une vieille poupée qui représente symboliquement la partie enfantine en vous. Cela fonctionne également avec deux chaises placées l'une en face de l'autre. Une chaise représente votre enfant intérieur, l'autre vous représente en tant qu'adulte. Lorsque vous commencez à prendre contact avec votre enfant intérieur et à parler ensemble des émotions négatives et de leur cause, vous pouvez, selon la partie dont vous parlez, prendre la place correspondante ou tenir la poupée dans votre main. Concluez chacune de ces "rencontres" par un amour formulé pour le petit enfant qui est en vous et dites adieu aux anciennes croyances qui ne sont plus valables, par exemple en les notant au préalable et en les jetant dans un récipient, en les brûlant plus tard ou en les mettant sur la liste à éliminer dans votre carnet personnel.

Guérir l'enfant intérieur

La guérison peut commencer en disant adieu aux anciennes croyances et convictions ainsi qu'aux schémas de réaction et en les détrônant.

1. Ceux-ci doivent d'abord être reconnus et identifiés.

2. Adoptez une perspective à deux niveaux. Vous êtes à la fois un adulte et un jeune enfant.

3. En adoptant le point de vue d'un adulte, qui dispose de bien plus d'informations, et en examinant

la situation sous tous les angles, vous pouvez débloquer la situation en faisant savoir au jeune enfant que ce qu'il a vécu n'était souvent pas la vérité ou n'était qu'à moitié vrai.

4. En tant qu'adulte, vous reconnaissez la cause derrière la blessure et le désir d'acceptation et vous pouvez donner à votre enfant ce dont il a besoin, en se substituant aux parents. Vous montrez à votre enfant intérieur qu'il n'est pas seul, que vous vous souciez de lui et que tout ce dont il a besoin pour être heureux est présent en vous.

5. Faites un travail de pardon ! Pardonnez aux personnes qui vous ont causé des sentiments désagréables. Vous vous libérez ainsi de votre rôle de victime et cessez d'être rancunier. La situation en soi ne peut pas être annulée, mais vous apprendrez à mieux gérer les conséquences.

Que vous préfériez des termes tels que "intégration du moi de l'ombre" ou "élimination des blocages" plutôt que "guérison de l'enfant intérieur", c'est à vous de décider, le principe sous-jacent est toujours le même. J'aimerais maintenant vous présenter des moyens de guérir votre enfant intérieur. Dans le chapitre précédent sur la prise de contact, vous avez déjà découvert des moyens de reconnaître les conflits et les expériences négatives de l'enfance et d'identifier les émotions négatives qui en résultent. Comme les transitions dans le travail sont fluides, un effet de guérison peut déjà se produire lors de la prise de contact avec l'enfant intérieur et de l'application des méthodes décrites.

REFORMULATION POSITIVE

Faites une liste des croyances négatives et reformulez-les de manière positive.

Exemples :

> •Je suis laid. Je ne corresponds peut-être pas aux critères de beauté habituels, mais j'ai d'autres caractéristiques uniques. Je suis bien comme je suis.
>
> •De toute façon, je n'y arriverai pas. Si je m'applique, je réussis tout ce que je veux.

- Je ne mérite pas d'avoir du succès et d'être heureux. Je mérite d'avoir du succès et d'être heureux.

- Je suis faible et impuissant et je ne peux rien changer. Je suis fort et, si je le veux, je peux tout changer.

- Personne ne m'aime. Je suis aimable et il y a des gens qui pensent la même chose.

- Je ne suis pas assez bien. Je suis amplement suffisant, même si je ne suis pas parfait. Personne ne l'est.

- Je ne réussirai jamais. Je suis capable d'apprendre et j'ai de nombreuses compétences que je peux utiliser de manière profitable.

AFFIRMATIONS

Par affirmations, on entend des croyances formulées de manière positive, dont on prend conscience en les répétant constamment afin de modifier son comportement et ses croyances. Les affirmations sont un outil de l'autosuggestion. Avec cette méthode, on ne verra des résultats que si l'on s'y tient constamment. L'homme est un animal d'habitude et avec de la patience et de la constance, on peut reprogrammer son subconscient avec des affirmations. À long terme, cette méthode vous permettra d'apprendre à évaluer les situations de manière plus positive. Selon une étude de 2015, les affirmations positives activent davantage le centre de récompense et l'aire d'autoréflexion dans le cerveau. Ces zones étaient particulièrement sollicitées lorsque les affirmations étaient formulées de manière ciblée pour l'avenir, ce qui a été prouvé par des images IRM.

Vous pouvez vous réciter des affirmations à haute voix, les écrire, les adresser à votre reflet dans le miroir ou les écouter.

Exemples :

- Je m'aime et je m'apprécie avec tout ce qui me constitue.
- L'amour me comble.
- Je suis toujours au bon endroit au bon moment.
- Je suis fort et courageux.
- J'ai confiance en moi et je connais mes points forts.

- Même mes faiblesses sont attachantes.
- Je me respecte et je respecte mon corps.
- J'ai confiance en mes capacités.
- J'assume mes responsabilités.
- Je mérite d'être heureux.
- Je mérite d'être aimé.
- J'ai tant à donner à un autre être humain.
- Chaque jour, je me rapproche de mon objectif.

VISUALISER

Par visualisation, on entend ici une introspection, un rêve éveillé que vous construisez vous-même et dont vous êtes le metteur en scène. Contrairement à la méditation, vous n'avez pas besoin de vous plonger dans une profonde relaxation. Veillez à créer une atmosphère sûre et agréable dans laquelle vous vous sentez en sécurité et à l'aise. Fermez les yeux. Devant votre œil intérieur, vous pouvez maintenant rencontrer votre enfant intérieur. Soit vous le rencontrez dans un endroit agréable où vous avez toujours aimé jouer, par exemple, soit vous créez un espace imaginaire sûr. Vous pourriez par exemple descendre un escalier et votre enfant intérieur vous attend au bout des marches. Demandez-lui comment il va, ce dont il a besoin pour être heureux. Si vous sentez qu'il est triste, réconfortez-le en le prenant dans vos bras ou en lui adressant des paroles d'encouragement. Si vous avez déjà identifié une situation dans laquelle votre enfant intérieur a subi une blessure de la part de ses parents, vous pouvez faire revivre cette situation dans votre esprit. Demandez à votre enfant intérieur comment il a vécu cette situation et ce qu'il a ressenti. Dites-lui que ce n'était pas la vérité, car les parents ont agi en raison de leur propre insécurité, étaient peut-être eux-mêmes impuissants et dépassés ou stressés. Consolez-le en lui disant que vous allez prendre soin de lui, l'aimer et lui donner ce dont il a besoin. Demandez à votre enfant intérieur s'il est prêt à pardonner ses parents. Vous pouvez ensuite le faire ensemble.

MÉDITATION

Si vous avez du mal à visualiser, un voyage guidé vers votre enfant intérieur a le grand avantage de vous guider et de commencer par une introduction qui vous permet de vous calmer mentalement, de vous concentrer et de vous détendre physiquement et mentalement. En général, une méditation commence par des exercices de respiration et d'attention, et on vous donne un décor dans lequel vous vous placez mentalement. Votre attention est dirigée vers différentes parties de votre corps afin de les détendre consciemment. Au cours de la méditation, vous êtes guidé vers votre enfant intérieur et vous avez la liberté de laisser surgir des émotions négatives et de les transformer en émotions positives ou de les laisser partir.

Les méditations guidées sont également utilisées par les thérapeutes et proposées dans le commerce sous forme de fichiers audio ou de CD par ces derniers. Les effets positifs de la méditation sont scientifiquement prouvés depuis longtemps et si vous intégrez cette méthode dans votre travail avec votre enfant intérieur, des effets perceptibles se feront sentir après quelques heures seulement : Calme intérieur et équilibre, le stress ne vous fait plus perdre l'équilibre aussi rapidement. Cela a à son tour un effet positif sur votre système cardiovasculaire, votre système immunitaire et votre taux de cholestérol.

HYPNOSE

L'hypnose, qui ne devrait être pratiquée que par des thérapeutes certifiés, décrit l'art de guider une autre personne dans son imagination visuelle, physique et émotionnelle vers le passé ou une réalité alternative afin d'y vivre des événements. Pour ce faire, l'hypnotiseur place la personne dans un état de conscience modifié, la transe hypnotique. Dans la transe, il y a un accès à l'inconscient.

La personne hypnotisée est éveillée et attentive à tout moment, tout en étant profondément détendue et capable de s'exprimer verbalement à tout moment. Lors d'un entretien préliminaire - si ce n'est pas au cours d'une thérapie comportementale - vous discuterez avec votre thérapeute de situations dans lesquelles vous avez vécu des blessures ou des émotions négatives lorsque vous étiez enfant. Lors de la régression, vous revivrez cette situation - du point de vue de l'enfant de cinq ans et "en direct". Même votre voix changera pendant la séance d'hypnose et vous parlerez avec la voix de l'enfant de cinq ans. Votre conscience d'adulte n'est en aucun cas désactivée, elle observe toute la scène et peut également être interpellée par le thérapeute. Sous la direction du thérapeute, ces sentiments vécus négativement à l'époque sont transformés, relâchés et acceptés et dissous avec l'aide de la conscience adulte observée.

Limites dans le travail avec l'enfant intérieur

La confrontation avec l'enfant intérieur ne doit pas être comprise comme un laissez-passer pour vouloir toujours et encore satisfaire son enfant intérieur. De même, ce concept ne convient en aucun cas pour justifier les attentes envers l'environnement social. Il y a un risque de vouloir exiger quelque chose de l'autre parce que l'enfant intérieur le veut ainsi. C'est justement dans le couple que surgissent alors plus de problèmes que ceux que l'on voulait résoudre au départ.

Si vous commettez l'erreur de mettre votre enfant intérieur à la première place pour vouloir obtenir quelque chose, vous avez un peu sauté l'intégration dans votre conscience actuelle d'adulte réfléchissant. En effet, c'est à partir de l'enfant intérieur que l'ego grandit plus tard !

Acceptez de vous occuper des blessures du passé avec une sensibilité saine et équilibrée. Il ne s'agit pas non plus d'une vendetta ou de reproches tardifs. Cela serait contre-productif et ne vous ferait pas avancer d'un pas. Continuez à évoluer et à faire la paix, vous serez ainsi plus heureux et plus satisfait. Je vous le souhaite de tout cœur !